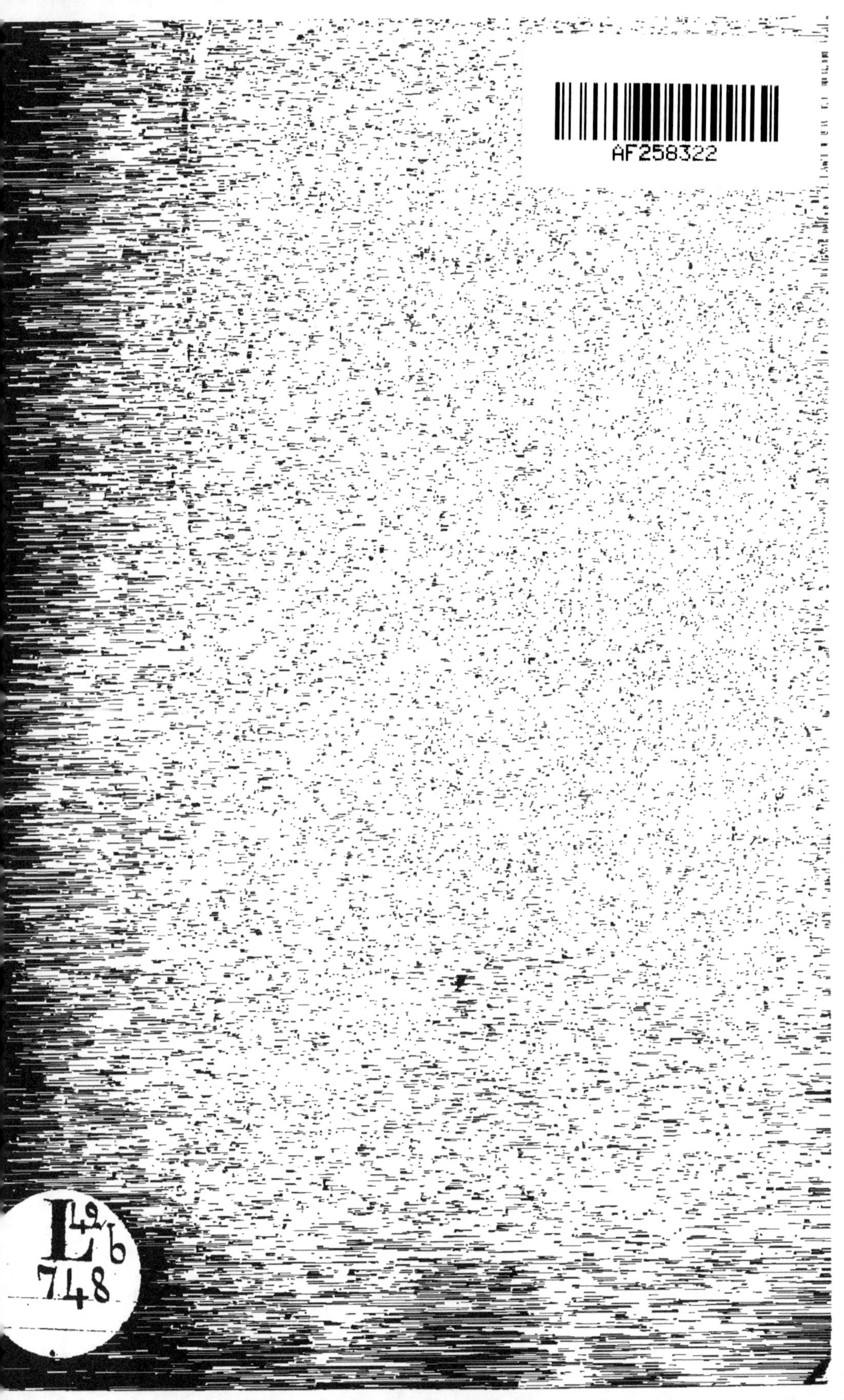
AF258322
L49/b
748

MUNICIPALITÉ
DU IXe. ARRONDISSEMENT.

DISCOURS

PRONONCÉ PAR LE CITOYEN

BARADELLE,

L'UN DES ADMINISTRATEURS,

Le 23 thermidor de l'an 7 de la république française, une et indivisible,

POUR LA FÊTE
DU DIX AOUT,

Célébrée au temple de l'Être supréme.

A PARIS.

Chez LAMBERTÉ, imprimeur rue des Marmouzets, au coin de celle de Perpignan.

DISCOURS

PRONONCÉ PAR LE CITOYEN

BARADELLE,

Le 23 thermidor de l'an 7 de la république française, une et indivisible,

POUR LA FÊTE

DU DIX AOUT.

Sɪ les fêtes nationales ont toutes un degré d'intérêt subordonné aux souvenirs plus ou moins frappans qu'elles nous retracent, quelle voix pourra trouver des sons assez mâles, quelle langue pourra fournir des termes assez forts pour exprimer les sensations inexprimables que portent dans une ame vraiment républicaine ces seuls mots: Dix Août ?

Dix Août ! mots sacrés, qui présentez d'un seul trait au génie de l'homme libre des volumes entiers de réflexions philosophiques et morales, vous passerez dans la langue de tous les peuples ; vous serez les premiers que l'homme libre de tous les pays fera bégayer à ses enfans ; vous serez aussi les derniers qu'il prononcera religieusement, au moment de descendre dans la tombe.

Français, contemporains d'une si brillante époque, sentez-vous bien quel droit précieux elle vous assure à la plus glorieuse immortalité ? Par-tout, oui, par-tout où une tyrannie quelconque pesera sur des peuples indignés du joug, ils invoqueront et le *Dix Août*, et les Français qui vécurent à cette époque, comme nous invoquons aujourd'hui, après un intervalle de plusieurs siècles, les héros qui chassèrent de Rome la race criminelle des Tarquins.

N'en doutons pas, citoyens, le tocsin du Dix Août a retenti sur les deux hémisphères du globe ; le volcan qui a dévoré le trône des Capet a fait ressentir sa commotion violente sur tous les points du monde habitable. Quel que soit le respect des peuples libres pour la forme de gouvernement adoptée par leurs voisins, l'impulsion est donnée ; ses effets se déve-

lopperont avec d'autaut plus de force,
qu'ils auront été plus violemment compri-
més par les efforts des tyrans coalisés. Et,
nous ne serions pas saintement orgueilleux
d'être les Français du Dix Août, d'iden-
tifier notre mémoire avec celle de cet évé-
nement mémorable! Ah! si l'amour de la
renommée, si le desir de se survivre à soi-
même, put engager Érostrate à brûler le
fameux temple d'Éphèse, quel Français
aurait l'ame assez étroite pour dédaigner
ce gage certain d'immortalité, dût-il nous
valoir à jamais la haine des tyrans!

Non, citoyens, je ne crois pas qu'il se
trouve dans cette enceinte une de ces ames
viles, qui préfèrent la paix honteuse de l'es-
clavage aux combats glorieux de la liberté.
Semblables à des amans passionnés, que les
rigueurs d'une maîtresse enflamment chaque
jour davantage, nous chérissons d'autant
plus la liberté, qu'il nous en a plus coûté
pour l'acquérir.

O mémorable journée du Dix Août! tu
es et tu seras toujours présente à nos cœurs;
nous nous plairons toujours au récit des
grands événemens que tu as éclairés, comme
nous entendons toujours avec un nouveau

plaisir une mère tendre nous raconter minutieusement les détails de notre première enfance. C'est à toi que commencera pour nos neveux l'histoire de la France républicaine. Nous leur transmettrons et les noms des grands hommes qui, par leur mâle éloquence, préparèrent la chûte du trône, et la gloire des héros qui lui portèrent les derniers coups. En leur montrant ce château superbe, aujourd'hui purifié par la présence de nos mandataires, nous leur dirons : ici vécut le dernier roi des Français ; ici lui fut annoncé, par la voix énergique du peuple, la peine due à sa fuite et à son parjure ; ici les canons appellés jusqu'alors la *dernière raison des rois*, furent enfin la dernière raison du peuple....... Ici les Suisses....... Ah ! cette nation estimable, que des chefs perfides entraînèrent un moment dans la cause des despotes ; ces braves Helvétiens, rangés aujourd'hui sous l'étendard tricolor, lavent dans le sang des tyrans cette tache involontaire. Ici, les fiers enfans de Marseille entonnèrent l'hymne sacré, devenu celui de la victoire...... Artistes républicains, redites-nous cet hymne qui renverse les

forteresses , qui porte dans les rangs ennemis l'effroi, la déroute et la mort.

Le chœur.

Allons enfans de la patrie ,

Le jour de gloire est arrivé ;

Contre nous de la tyrannie

L'étendard sanglant est levé *(bis)* :

Entendez-vous dans les campagnes

Mugir ces féroces soldats ;

Ils viennent jusques dans vos bras.

Égorger vos fils, vos compagnes.

Aux armes, citoyens ! formons nos bataillons !

Marchons *(bis)*, qu'un sang impur abreuve nos sillons !

. Vous connaissez bien mal la force du
peuple , vils satellites d'un despote agoni-
sant, ou plutôt vous la connaissiez bien,
puisque , désespérant de le vaincre en courage , vous recourûtes aux armes qui vous
convenaient , aux armes de la perfidie......
Vous nous jetâtes, en signe de paix, une
partie des instrumens de mort dont vous
étiez armés ; une autre partie fit tomber
à nos côtés quelques rangs de la colonne
républicaine..... Mais bientôt ces mêmes instrumens , qui vous furent rendus avec usure ,
portèrent la mort, non pas dans vos rangs, ils

n'étaient déjà plus, mais dans les tanières où vos héros cherchaient en foule un asyle.

Gloire à vous, braves Marseillais, qui guidâtes à la victoire les phalanges parisiennes. Gloire à vous, républicains, dont les honorables cicatrices attestent la part que vous prîtes à cette lutte de la liberté contre le despotisme. Gloire à toi, sublime Convention, qui couronnas l'ouvrage du peuple, qui lui assuras les fruits de sa conquête par la juste punition du tyran.

Mais hélas ! fallait-il qu'en imitant le courage de Brutus, tu fisses aussi la seule faute qu'on reproche à ce grand homme :

Qui frappa le tyran et non la tyrannie. La tyrannnie ! et ce monstre ne fut pas précipité avec le tyran dans la nuit du tombeau ! et ce monstre, laissant au sein de notre patrie une portion du venin qu'il avait exhalé, fit sortir des rangs du peuple des hommes, ou plutôt des monstres qui ramassèrent ce venin pour s'en nourrir, qui burent à longs traits les sueurs et le sang du peuple ; qui, sortis du milieu de nous, osèrent nous dire : nous serons vos maîtres.... vous travaillerez pour nous et nous dévorerons le fruit de vos veilles ;

vous enverrez vos enfans à la frontière ,
et nous trafiquerons de vos enfans, de vos
armes, de votre liberté !!!

Pardonnez, citoyens , si ces tristes idées
viennent malgré nous troubler un moment
la joie que doit porter dans tous les cœurs
cette fête vraiment républicaine. Un jour
viendra , et sans doute il n'est pas loin,
où nulle idée fâcheuse du passée, nulle in-
quiétude de l'avenir ne troublera l'alégresse
publique dans nos augustes solemnités ; mais
tant que la patrie aura des dangers à cou-
rir , tant que les passions humaines laisse-
ront aux vrais amis de la liberté des sujets
de crainte et de vigilance, ayons la force
de mêler à l'enthousiasme de la victoire la
pensée des combats qui nous restent à sou-
tenir ; ayons la sagesse de rapprocher l'avenir qui s'avance et le passé qui s'éloigne ,
et d'appliquer à l'un les utiles leçons de
l'autre.

Dix Août ! que ces mots fassent trembler
toutes les espèces de tyrans , de factieux ,
de dilapidateurs; qu'ils lisent leur arrêt dans
l'histoire de cette journée mémorable ; qu'ils
jugent eux-mêmes si le monstre qui, chez
un peuple libre opprime ses égaux, est moins

coupable que le tyran jeté sur un trône par le hasard de la naissance ; qu'ils éprouvent que si un tyran ne trouve de défenseurs que parmi ceux qui participent à sa tyrannie, un voleur n'en a que parmi ses complices.

Tyrans modernes, dont le souffle pestilentiel dessécha malgré vos soins les deux arbres de liberté, qu'une politique tardive avait plantés sur le seuil de votre palais ; vous qui, par vos forfaits liberticides, faites cause commune avec nos ennemis extérieurs ; vous qui, plus coupables qu'eux, devez attendre un sort pareil à celui que nous leur réservons :

Le chœur.

Tremblez tyrans, et vous perfides,

L'opprobre de tous les partis ;

Tremblez, vos projets parricides

vont enfin recevoir leurs prix (*bis*) :

Tout est soldat pour vous combattre ;

S'ils tombent nos jeunes héros,

La terre en produit de nouveaux,

Contre vous tout prêt à se battre.

Aux armes, citoyens ! formons nos bataillons !

Marchons (*bis*), qu'un sang impur abreuve nos sillons!

Pour nous, sincères amis de la liberté

sainte, que nous n'aurons pas conquise en
vain, jetons un moment le voile sur ces
tristes témoignages de la perversité de cer-
tains hommes. Leurs longues et criminelles
agitations, leurs combinaisons profondes et
sacriléges sont comme des grains de sable
jetés sur la route que parcourt majestueu-
sement le char de la liberté, et qui, loin
d'arrêter sa marche triomphale, se brisent
sous ses roues, ou se pressent contre le sol
dont ils couvrent la surface. Livrons-nous
à l'espoir d'un avenir consolateur, qui doit
sécher nos larmes et cicatriser nos blessures ;
que cette riante perspective double le courage de l'homme fort ; qu'elle confonde l'espoir du méchant ; qu'elle ranime le faible
et le rattache au grand anneau de la cause
commune. Si nous fumes trop souvent for-
cés de croire au crime, osons aussi croire
à la vertu.

Non, la vertu n'est pas bannie de dessus
la terre ; et si jamais elle pouvait l'être,
c'est au sein des républiques qu'elle vien-
drait chercher un refuge. Tandis que nos armées repousseront par la force de leurs armes
les esclaves des rois conjurés, écrasons nos
perfides ennemis par la force des vertus répu-

blicaines, par l'union intime de la fraternité, par la sainte coalition de ces vertus sociales qui assurent et le bonheur public, et la félicité particulière.

Ah! puissent leurs malheureux sujets être témoins de la fête auguste que nous célébrons en ce moment! Puissent-ils admirer l'attitude fière d'un peuple vertueux qui ne voit au-dessus de lui que le ciel, qui n'a qu'à vouloir pour obtenir, qu'à se montrer pour vaincre! nous les verrions bientôt, honteux d'avoir suivi contre nous les ordres de leurs maîtres, leur demander compte du sang français, briguer l'alliance de la première république du monde, s'élancer dans nos embrassemens, et nous crier avec l'accent de l'estime et du repentir : *et nous aussi, nous sommes des hommes.*

Je le répète, citoyens, c'est à nos vertus à préparer cette belle, cette glorieuse révolution. Si l'ambition, si l'avarice et l'insatiable cupidité de quelques puissans ternirent un moment dans l'esprit de nos malheureux voisins la gloire du nom français, rendons graces au destin qui voulut nous ménager l'honneur de reconquérir l'estime universelle. Que cette louable ambition soit désormais la seule qui anime le législateur et le magistrat du peuple ; la seule qui dirige notre gouvernement régénéré dans ses rapports avec les peuples : qu'elle précipite nos armées victorieuses sur les hordes barbares qui nous menacent; qu'elle oppose désormais un rempart invincible à toutes les espèces de factions et de tyrannies.

Et toi, source éternelle de toutes les vertus sublimes, unique passion des grandes ames!

Le chœur.

Amour sacré de la patrie !

Conduis, soutiens nos bras vengeurs !

Liberté, liberté chérie !

Combats avec tes défenseurs (*bis*) !

Sous nos drapeaux que la victoire

Accoure à tes mâles accens !

Que tes ennemis expirans

Voient ton triomphe et notre gloire !

Aux armes, citoyens ! formons nos bataillons !

Marchons (*bis*), qu'un sang impur abreuve nos sillons!

Cette strophe chantée, le temple a retenti des acclamations de vive la république et la constitution de l'an 3, répétées à plusieurs reprises, tant par l'administration que par les citoyens présens à la fête.

Ouï le commissaire du pouvoir exécutif :

L'administration arrête que le présent discours sera imprimé au nombre de deux cens exemplaires.

Fait en administration, le 24 thermidor an 7 de la république française, une et indivisible.

Signé, LEMOINE, *président ;* BARADELLE, DEGUAIGNÉ, BERTRAND, *administrateurs ;* TAINE, *commissaire du pouvoir exécutif ;* FREDIN, *secrétaire en chef.*

POUR extrait conforme.

Le secrétaire en chef, FREDIN.

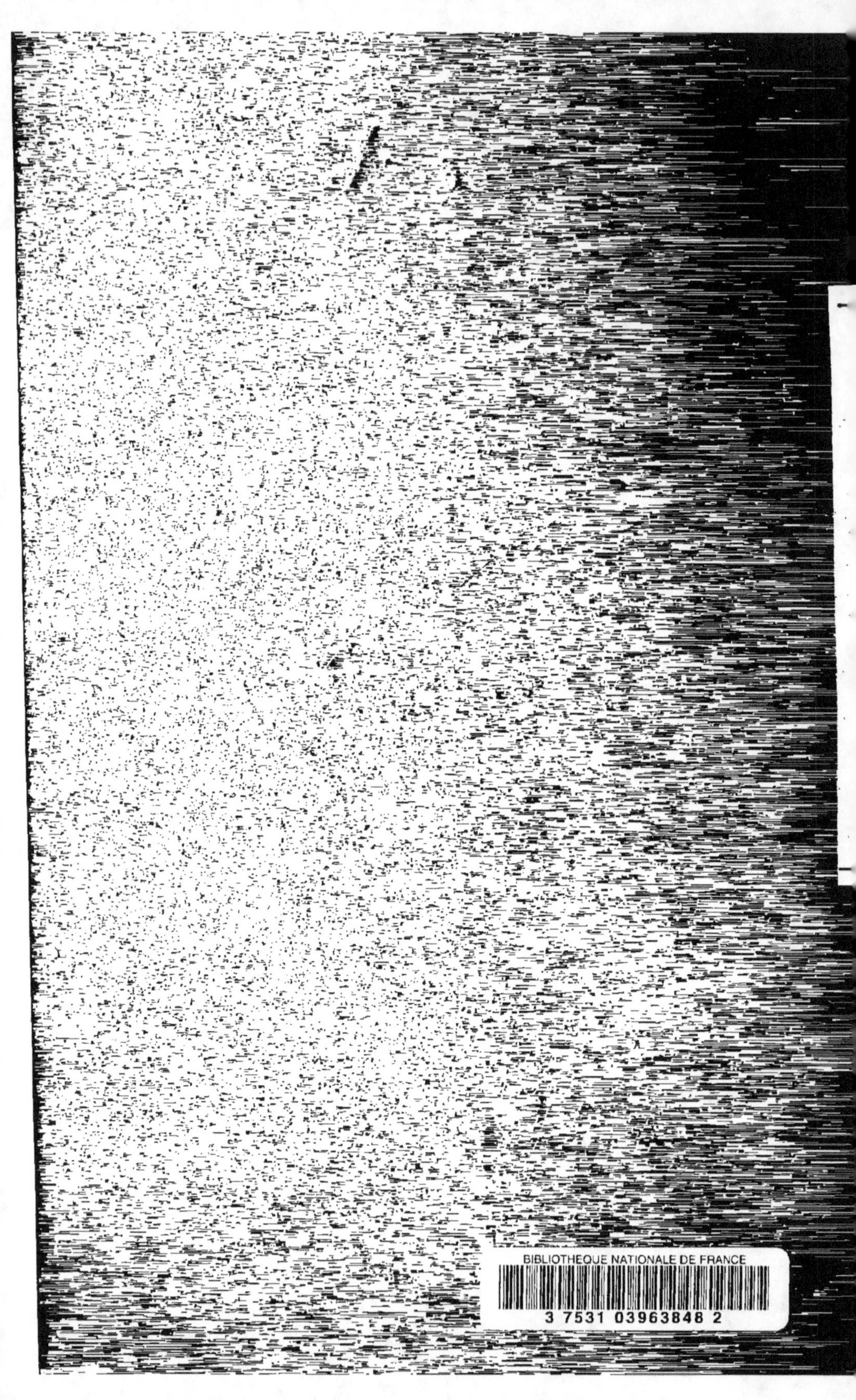

BIBLIOTHEQUE NATIONALE DE FRANCE
3 7531 03963848 2